江苏高校品牌专业（A类）建设项目成果
依据《3-6岁儿童学习与发展指南》编写

幼儿园健康养成活动案例（三）

秀强教育中心　编著

北京师范大学出版集团
BEIJING NORMAL UNIVERSITY PUBLISHING GROUP
北京师范大学出版社

图书在版编目(CIP)数据

幼儿园健康养成活动案例. 三 / 秀强教育中心编著. —北京：北京师范大学出版社，2018.8 (2019.11重印)

ISBN 978-7-303-23981-8

Ⅰ. ①幼… Ⅱ. ①秀… Ⅲ. ①健康教育－学前教育－教学参考资料 Ⅳ. ①G613.3

中国版本图书馆 CIP 数据核字(2018)第 176326 号

营 销 中 心 电 话　010-58802755　58800035
北师大出版社职业教育与教师教育分社网　http://zjfs.bnup.com
电 子 信 箱　zhijiao@bnupg.com

YOUERYUAN JIANKANG YANGCHENG HUODONG ANLI(SAN)

出版发行：北京师范大学出版社　http://www.bnup.com
　　　　　北京市海淀区新街口外大街 19 号
　　　　　邮政编码：100875
印　　刷：天津市宝文印务有限公司
经　　销：全国新华书店
开　　本：787 mm×1092 mm　1/16
印　　张：4
字　　数：81 千字
版　　次：2018 年 8 月第 1 版
印　　次：2019 年 11 月第 2 次印刷
定　　价：18.80 元

策划编辑：姚贵平　于晓晴　　　责任编辑：马力敏　温玉婷
美术编辑：焦　丽　　　　　　　装帧设计：焦　丽
责任校对：韩兆涛　　　　　　　责任印制：陈　涛

编　委　会

丛书编委会主任：卢秀强

丛书编委会副主任：张祥华

丛书编委成员：（按姓氏笔画排序）

卢相杞　朱　斌　朱丹丹　朱冬云

朱振科　刘　颖　刘晓燕　杜　煌

杨　萍　沙露露　张　旭　张百元

周丽芳　袁　方　倪远丹　徐剑媚

本册编写成员：（按姓氏笔画排序）

王　乐　卢　蓓　刘丽萍　孙　漂

邱云霞　沈　洋　张国泉　陈雪丽

前　言

"幼儿园健康养成课程"是面向幼儿园3～6岁儿童的一套特色课程,旨在帮助幼儿养成良好的习惯并树立自我保护的健康意识。

一、编写背景

2016年10月,中共中央、国务院为推进健康中国建设,提高人民健康水平印发并实施了《"健康中国2030"规划纲要》。健康中国,意味几何? 对于一个人,健康是享受幸福生活的前提;对于一个国家,健康是开创美好未来的根基;对于一个民族,健康是屹立世界民族之林的力量。健康,是一切生命生产活动的前提。儿童期的健康,是整个人生健康的重要阶段,健康的身体、心理,健康的生活、饮食、运动习惯,都直接影响人的一生。加强儿童期生命健康教育,了解生命的起源、意义,通过儿童独有的学习、游戏等形式,最大限度地满足儿童发展的需要,激发儿童的潜能,帮助儿童建立良好的健康习惯及主动自我保护的健康意识,这对个人乃至整个民族的发展都至关重要。

目前,中国儿童的健康出现了许多问题,不得不引起家长以及整个社会的高度警惕。防微杜渐、防患于未然,系统梳理儿童健康学习的内容,全面提升儿童及家庭的健康意识,需要全民动员,共同参与。

身体肥胖、视力下降、脊柱骨骼等的退行性变化以及心血管方面的问题等许多不应该在儿童期出现的健康问题,却在逐步侵蚀儿童的机体。造成这些问题的主要原因,我们可以从以下三个方面来思考。第一,环境问题;第二,家长的过度保护及错误的就医观念;第三,城市化进程加速,儿童户外活动的时间和空间大大减少。

在儿童健康教育方面,许多中小学先行先试,通过开展"中医药校本课程班""中医药兴趣班""中草药种植基地"等形式的课程和活动,传播传统中医文化,建立健康概念。幼儿教育的基本单位——幼儿园,应当承担起幼儿健康教育的职责,同时通过多种宣传教育活动,提升家庭健康养育观念,为形成儿童的健康体魄及健康的生活习惯共同努力!

二、理论基础

(一)《3－6岁儿童学习与发展指南》的健康目标

《3－6岁儿童学习与发展指南》(以下简称《指南》)开篇第一个领域就是健康领域。此文件在阐述健康领域发展目标时强调"幼儿阶段是儿童身体发育和机能发展极为迅速的时期,也是形成安全感和乐观态度的重要阶段。发育良好的身体、愉快的情绪、强健的体质、协调的动作、良好的生活习惯和基本生活能力是幼儿身心健康的重要标志,也是其他领域学习与发展的基础。"特色的健康教育活动可以有效激发幼儿学习的热情,提升幼儿参与的兴趣,以保障达到健康领域发展的目标。"幼儿园健康养成课程"强调以此为理论基础及编写要求,从饮食、运动、节气、国医儿童剧等方面,全面研发适宜儿童学习的内容。《指南》中健康领域指标包括身心状况、动作发展、生活习惯与生活能力三部分。具体内容如下。

1. 身心状况

目标1 具有健康的体态

3～4岁	4～5岁	5～6岁
①身高和体重适宜。 参考标准： 男孩： 身高：94.9～111.7厘米 体重：12.7～21.2公斤 女孩： 身高：94.1～111.3厘米 体重：12.3～21.5公斤 ②在提醒下能自然坐直、站直。	①身高和体重适宜。 参考标准： 男孩： 身高：100.7～119.2厘米 体重：14.1～24.2公斤 女孩： 身高：99.9～118.9厘米 体重：13.7～24.9公斤 ②在提醒下能保持正确的站、坐和行走姿势。	①身高和体重适宜。 参考标准： 男孩： 身高：106.1～125.8厘米 体重：15.9～27.1公斤 女孩： 身高：104.9～125.4厘米 体重：15.3～27.8公斤 ②经常保持正确的站、坐和行走姿势。

目标2 情绪安定愉快

3～4岁	4～5岁	5～6岁
①情绪比较稳定，很少因一点小事哭闹不止。 ②有比较强烈的情绪反应时，能在成人的安抚下逐渐平静下来。	①经常保持愉快的情绪，不高兴时能较快缓解。 ②有比较强烈情绪反应时，能在成人提醒下逐渐平静下来。 ③愿意把自己的情绪告诉亲近的人，一起分享快乐或求得安慰。	①经常保持愉快的情绪。知道引起自己某种情绪的原因，并努力缓解。 ②表达情绪的方式比较适度，不乱发脾气。 ③能随着活动的需要转换情绪和注意。

目标3 具有一定的适应能力

3～4岁	4～5岁	5～6岁
①能在较热或较冷的户外环境中活动。 ②换新环境时情绪能较快稳定，睡眠、饮食基本正常。 ③在帮助下能较快适应集体生活。	①能在较热或较冷的户外环境中连续活动半小时左右。 ②换新环境时较少出现身体不适。 ③能较快适应人际环境中发生的变化。如换了新老师能较快适应。	①能在较热或较冷的户外环境中连续活动半小时以上。 ②天气变化时较少感冒，能适应车、船等交通工具造成的轻微颠簸。 ③能较快融入新的人际关系环境。如换了新的幼儿园或班级能较快适应。

2. 动作发展

目标1　具有一定的平衡能力,动作协调、灵敏

3～4岁	4～5岁	5～6岁
①能沿地面直线或在较窄的低矮物体上走一段距离。 ②能双脚灵活交替上下楼梯。 ③能身体平稳地双脚连续向前跳。 ④分散跑时能躲避他人的碰撞。 ⑤能双手向上抛球。	①能在较窄的低矮物体上平稳地走一段距离。 ②能以匍匐、膝盖悬空等多种方式钻爬。 ③能助跑跨跳过一定距离,或助跑跨跳过一定高度的物体。 ④能与他人玩追逐、躲闪跑的游戏。 ⑤能连续自抛自接球。	①能在斜坡、荡桥和有一定间隔的物体上较平稳地行走。 ②能以手脚并用的方式安全地爬攀登架、网等。 ③能连续跳绳。 ④能躲避他人滚过来的球或扔过来的沙包。 ⑤能连续拍球。

目标2　具有一定的力量和耐力

3～4岁	4～5岁	5～6岁
①能双手抓杠悬空吊起10秒左右。 ②能单手将沙包向前投掷2米左右。 ③能单脚连续向前跳2米左右。 ④能快跑15米左右。 ⑤能行走1公里左右(途中可适当停歇)。	①能双手抓杠悬空吊起15秒左右。 ②能单手将沙包向前投掷4米左右。 ③能单脚连续向前跳5米左右。 ④能快跑20米左右。 ⑤能连续行走1.5公里左右(途中可适当停歇)。	①能双手抓杠悬空吊起20秒左右。 ②能单手将沙包向前投掷5米左右。 ③能单脚连续向前跳8米左右。 ④能快跑25米左右。 ⑤能连续行走1.5公里以上(途中可适当停歇)。

目标3　手的动作灵活协调

3～4岁	4～5岁	5～6岁
①能用笔涂涂画画。 ②能熟练地用勺子吃饭。 ③能用剪刀沿直线剪,边线基本吻合。	①能沿边线较直地画出简单图形,或能边线基本对齐地折纸。 ②会用筷子吃饭。 ③能沿轮廓线剪出由直线构成的简单图形,边线吻合。	①能根据需要画出图形,线条基本平滑。 ②能熟练使用筷子。 ③能沿轮廓线剪出由曲线构成的简单图形,边线吻合且平滑。 ④能使用简单的劳动工具或用具。

3. 生活习惯与生活能力

目标1 具有良好的生活与卫生习惯

3～4岁	4～5岁	5～6岁
①在提醒下,按时睡觉和起床,并能坚持午睡。 ②喜欢参加体育活动。 ③在引导下,不偏食、挑食。喜欢吃瓜果、蔬菜等新鲜食品。 ④愿意饮用白开水,不贪喝饮料。 ⑤不用脏手揉眼睛,连续看电视等不超过15分钟。 ⑥在提醒下,每天早晚刷牙、饭前便后洗手。	①每天按时睡觉和起床,并能坚持午睡。 ②喜欢参加体育活动。 ③不偏食、挑食,不暴饮暴食。喜欢吃瓜果、蔬菜等新鲜食品。 ④常喝白开水,不贪喝饮料。 ⑤知道保护眼睛,不在光线过强或过暗的地方看书,连续看电视等不超过20分钟。 ⑥每天早晚刷牙、饭前便后洗手,方法基本正确。	①养成每天按时睡觉和起床的习惯。 ②能主动参加体育活动。 ③吃东西时细嚼慢咽。 ④主动饮用白开水,不贪喝饮料。 ⑤主动保护眼睛。不在光线过强或过暗的地方看书,连续看电视等不超过30分钟。 ⑥每天早晚主动刷牙,饭前便后主动洗手,方法正确。

目标2 具有基本的生活自理能力

3～4岁	4～5岁	5～6岁
①在帮助下能穿脱衣服或鞋袜。 ②能将玩具和图书放回原处。	①能自己穿脱衣服、鞋袜、扣纽扣。 ②能整理自己的物品。	①能知道根据冷热增减衣服。 ②会自己系鞋带。 ③能按类别整理好自己的物品。

目标3 具备基本的安全知识和自我保护能力

3～4岁	4～5岁	5～6岁
①不吃陌生人给的东西,不跟陌生人走。 ②在提醒下能注意安全,不做危险的事。 ③在公共场所走失时,能向警察或有关人员说出自己和家长的名字、电话号码等简单信息。	①知道在公共场合不远离成人的视线单独活动。 ②认识常见的安全标志,能遵守安全规则。 ③运动时能主动躲避危险。 ④知道简单的求助方式。	①未经大人允许不给陌生人开门。 ②能自觉遵守基本的安全规则和交通规则。 ③运动时能注意安全,不给他人造成危险。 ④知道一些基本的防灾知识。

(二)陶行知"生活即教育"理论

陶行知先生是中国著名的人民教育家。他提出教育是立国之本,提出"生活即教育"的理论。这一理论在幼儿教育中广为运用。他强调"生活教育是生活所原有,生活所自营,生活所必需的教育。教育的根本意义是生活之变化,生活无时不变,即生活无时不含有教育的意义。""生活即教育"的主旨包括生活决定教育,有什么样的生活便有与之相应的教育,只有在生活中求得的教育才是真正的教育;实际生活是教育的中心,文字、书本只是生活的工作,不是生活的本身,教育要通过生活才能产生力量而成为真正的教育;教育的意义在于生活的变化,因此生活教育的内容是随生活的变化而不断发展的;"生活即教育"是终身教育,是与个人生活共始终的教育。

基于此,在本套图书编写中,我们特别强调学习内容因季节而变、探索的材料来自生活、运动饮食随节气生成。例如,秋季,天气干燥,身体容易出现燥热、咳嗽等常见问题,我们的课程就会有"健康养生茶"的活动,使幼儿了解上火的原因,生活中哪些食材可以清火润肺,幼儿园饮水区,除了提供白开水以外,还提供雪梨水,以减轻因燥热引起的不舒服的感觉。

冬至时节,后勤厨房准备食材,邀请家长和幼儿一起包饺子,面皮包裹羊肉煮出的香喷喷的饺子,既让幼儿了解羊肉食材温热的特性,又使幼儿与家长一起,建立起亲子感情,所有的幸福,都包裹在小小的饺子中。这样的活动设计,本身就是生活的体现。

(三)中华中医文化,是中华优秀传统文化的瑰宝

时任国家副主席习近平在 2010 年 6 月出席皇家墨尔本理工大学中医孔子学院揭幕仪式时,强调"中医药学凝聚着深邃的哲学智慧和中华民族几千年的健康养生理念及其实践经验,是中国古代科学的瑰宝,也是打开中华文明宝库的钥匙"。[①] 借用中医养生理论,通过饮食、运动、节气养生等不同类型的活动,建立正确的健康概念。中华中医文化,在发展过程中,涌现了许多"神医""医圣"等名医名仕,认识他们,并了解他们为中华中医传承过程中所做出的杰出贡献,对于幼儿全面地了解中医文化,有着重要的意义。这些名医身上所具备的"仁——仁者爱人、生命至上""和——天地合气,命之曰人""精——医不三世,不服其药""诚——恃己所长,经略财物",这些精神也正是中华传统文化的具体体现。

《黄帝内经》作为中华文化的经典著作之一,强调通过整体观念、阴阳五行、藏象经络、病因病机、诊法治则、预防养生和运气等学说,达到人体内环境及其与外环境的和谐统一。《素问·宝命全形论》强调"人以天地之气生,四时之法成"。意思是人和宇宙万物一样,是禀受天地之气而生,按照四时的法则而生长,人生天地之间,要依赖天地阴阳二气的运动和滋养才能生存。

《黄帝内经》中提出的"治未病"能够有效地指导幼儿园的卫生保健工作。儿童是早上八九点钟的太阳,无处不呈现着勃勃生机。应时而生、遵循自然之道,是借由《黄帝内经》这部养生、治病的经典之作强调的人与自然的和谐统一、阴阳的对立统一、人体五大系统的协调统一,而提炼出的最适宜儿童发展规律的保健方法。

---

① http://www.gov.cn/ldhd/2010-06/20/content_1631961.htm,2010-06-20,引用日期:2018-08-02。

三、课程框架

"幼儿园健康养成课程"是一套将国医传统文化知识融合在幼儿健康活动中,用国医的理念、知识、方法指导幼儿的身体保健、身体锻炼,使具有悠久历史的国医科学与幼儿园游戏化、综合性的活动相结合,让幼儿通过听故事、看视频、玩游戏、动手制作等多感官、多通道地接触、学习的课程。

"幼儿园健康养成课程"内容分为饮食健康、运动健康、节气综合活动、国医儿童剧四大类。

(一)饮食健康

饮食健康模块包含食物的营养、认识自己的身体、保护自己的身体三个方面的内容,教师从"国医"的角度诠释食品的健康营养。例如,在教学水果的课程上,教师除了介绍其营养更结合了水果的属性、搭配以及季节特点等,让幼儿对水果营养的了解更全面、更科学。在认识自己的身体这个部分,使幼儿对自己身体的探索进一步延伸,不仅要认识自己的五官、四肢,还加入了身体穴位、脉搏、骨骼、内脏器官的感知,让幼儿感受到生命的奥秘;身体保护这部分内容,秉承了国医传统理念"长于养生、免于病痛"的理念,并坚持药补不如食补的方法,让幼儿尝试一些易于操作的食品、饮品制作活动。

	小班上	小班下
饮食健康	常入药的水果	采草莓
	五彩饭	五月槐花香
	口渴了喝什么	身体里的小兔兔
	润肺好帮手——梨	水果蔬菜红彤彤

	中班上	中班下
饮食健康	如何正确地喝汤	春食野菜身体好
	健康养生茶	美味的豆豆
	健康的便便	樱桃红了
	干果家族	人为什么会出汗

	大班上	大班下
饮食健康	好喝的凉茶	菜市场里找春天
	厨房三宝——葱姜蒜	可入药的花朵
	水果吃法有讲究	吃得苦中苦
	腊八粥	特殊气味的果蔬

(二)运动健康

运动健康模块选择了健康领域身体锻炼类的教育内容,收集了一些传统身体锻炼的内容。例如,八段锦、太极拳、象形拳、武术操等,在了解传统身体锻炼方式的基础上,通过游戏、模仿、体验等形式,感受中华传统运动的形式。依据小、中、大班年龄段的不同,合理建构运动形式,符合幼儿学习的特点。

	小班上	小班下
运动健康	五禽戏	武术操
	猴拳	梅花梅花几月开
	起床操	踩高跷
	拍手操	木射

	中班上	中班下
运动健康	腹式呼吸法	跳皮筋
	肠胃养生操	跳房子
	象形拳	挑木棒
	鹅卵石按摩	投壶

	大班上	大班下
运动健康	十八般武艺	太极拳
	养生八段锦	跳大绳
	中国功夫	马兰花
		打陀螺

(三)节气综合活动

节气综合活动模块的教学内容主要由身体保健知识、二十四节气常识、物品的制作体验等构成。例如,在"奇怪的枕头"一课中,教师从幼儿的视角让其发现枕芯有多种材质,使幼儿了解睡眠对人的重要性,一方面教育幼儿要好好睡午觉,另一方面渗透了保健枕透气、按摩、凉血、静心、安神的作用,及其有助于良好睡眠的保健原理。

	小班上	小班下
节气综合活动	二十四节气之立秋	立春、雨水
	奇怪的枕头	立夏、小满
	二十四节气之立冬	有毒的花草不能碰
	生病了贴一贴	夏种薄荷防蚊虫

	中班上	中班下
节气综合活动	舌头的心事你懂吗	惊蛰、春分
	爷爷背上的圈圈	芒种、夏至
	二十四节气之霜降	食物中的"坏朋友"
	神奇的中药房	芦荟止痒不求人

	大班上	大班下
节气综合活动	二十四节气之白露	二十四节气歌
	大动肝火	清明、谷雨
	肚皮上的洞洞	小暑、大暑
	二十四节气之冬至	名贵的中药
		神仙草——石斛兰

(四)国医儿童剧

国医儿童剧模块教师主要通过"神农尝百草""刮骨疗毒""讳疾忌医"等几个传统故事,使幼儿了解中医的起源和中医诊病、用药的知识,并通过背景、服装、道具、音乐、舞蹈相结合的儿童童话剧表演,帮助学生加深对故事情节的理解,增加其对国医代表人物的了解,进而使其对国医学产生亲切、喜爱、崇敬的情感。

年龄段	故事
小班上	神农尝百草
小班下	杏林春暖
中班上	刮骨疗毒
中班下	药王孙思邈
大班上	讳疾忌医
大班下	刮痧

"幼儿园健康养成课程"中教师通过一个个知识与乐趣并存、探索与体验结合的活动,完成了幼儿对国医由了解到参与,由参与到喜爱的过程,让国医传统能够在幼儿身上得到传承和发扬的启蒙教育。

四、课程特色

(一)科学性

本课程在《指南》的指导下,强调从幼儿的年龄特点、学习特点出发,通过操作与体验游戏,使幼儿了解健康生活的方法。课程内容设计,一方面符合《指南》中提及的儿童发展要求,另一方面通过聘请江苏省中医院儿科主任作为医学顾问,在中医理论及内容上全面把关,保证内容设计科学合理。

(二)系统化

在课程内容的设计结构上,编者充分考虑系统化原则,经过周密的筛选与论证,将影响幼儿身心健康的内容结合中医五行的养生理论,安排对应的课时内容。顺应时节的变化,强调春种夏长,秋收冬藏。

季节	需重点养护的五脏	对应的颜色	对应的活动内容
春	肝	绿色	春食野菜身体好、大动肝火……
夏	心	红色	身体里的小兔兔、水果蔬菜红彤彤……
长夏	脾	黄色	肠胃保健操、健康的便便……
秋	肺	白色	润肺好帮手——梨、腹式呼吸法……
冬	肾	黑色	二十四节气之冬至

(三)生活化

本课程强调内容来源于生活、回归生活,通过结合季节与节气的特点,主张食用应季的蔬菜、水果。例如,春天摘草莓,夏天了解芦荟的止痒功效,秋天喝冰糖雪梨水润肺降燥,在冬至时节包饺子,等等。所有内容都是生活中常见的,也是获得民众普遍认可的常识性的保健理念。本课程让幼儿从小建立健康的饮食、生活习惯,进一步感受中华中医文化的生活化与普遍性。

与课程配套的资源,除了包括幼儿用的游戏册,还有专门针对二十四节气的节令食谱,这是非常适合中国人生活与体质的饮食建议。同时,课程还提供针对家庭教养的家庭食谱建议,这是健康的饮食生活习惯向家庭的延伸,也是课程生活化的最好体现。

(四)游戏化

课程的编写强调加强能力目标的标准化撰写,要求明确幼儿在每个活动中的学习方法,通过游戏、体验、操作、讨论、观察等方法,进一步感受健康生活的内容。这也是对认知、能力、情感态度三条目标的具体落实。例如,五禽戏、象形拳、猴拳等运动健康领域的活动,着重通过幼儿的模仿体验,学习基本动作,了解和传承中华武术的精神。另外,在许多节气综合活动设计过程中,课程着重强调幼儿的操作类的游戏活动。例如,白露、霜降、惊蛰等节气活动,都鼓励儿童到户外亲自观察与体验,找一找哪里有露水,什么是霜,听一听是否有虫儿的鸣叫……活动的趣味性,不言而喻。我们跟随幼儿一起,仿佛又回到了我们自己的童年时代"爬墙上树、种豆摘瓜"的情境中。跟随自然的脚步,我们与幼儿一起共同成长。

在这里,我们要特别感谢徐州幼儿师范高等专科学校学前与特殊教育学院刘军教授、王清风教授在课程框架论证及本套书编写过程中给予的专业指导。他们提出了大量理实结合的宝贵建议,令我们受益匪浅。

这是一套讲述自然的书。我们在自然的怀抱里,聆听她、触摸她、感受她,我们享受自然赋予我们的一切,包括我们的身体。最后,愿每一位读者都能养成健康的生活习惯,同时使幼儿树立保护大自然的意识,这将是编者所乐见的。

编写组

目 录

第一课时　二十四节气之白露 ······································· 1

第二课时　十八般武艺 ·· 4

第三课时　好喝的凉茶 ·· 6

第四课时　大动肝火 ·· 9

第五课时　养生八段锦 ··· 11

第六课时　肚皮上的洞洞 ··· 13

第七课时　厨房三宝——葱姜蒜 ····································· 15

第八课时　水果吃法有讲究 ··· 17

第九课时　黑色食物有营养 ··· 19

第十课时　悬壶济世 ··· 21

第十一课时　二十四节气之冬至 ······································ 23

第十二课时　中国功夫 ··· 26

第十三课时　中药大联欢 ··· 28

第十四课时　腊八粥 ··· 30

第十五课时　讳疾忌医(1) ·· 33

第十六课时　讳疾忌医(2) ·· 36

第十七课时　讳疾忌医(3) ·· 38

第十八课时　讳疾忌医(4) ·· 40

第一课时　二十四节气之白露

活动目标

1. 知道白露节气到来,天气逐渐转凉,出现了露水,因而得"白露"的美名。

2. 通过观察和动手操作"人造露珠"实验,总结出露水形成的原理。

3. 通过白露节气的谚语"处暑十八盆,白露勿露身"和吃龙眼、番薯,喝白露茶、米酒等习俗,感受人们对身体的保护和对健康的重视。

活动准备

1. 教师用:PPT 图片"白露";视频《白露节气的习俗》。

2. 幼儿用:每组两三杯热水(温度不宜过高,能产生水蒸气即可);冰镇过的低温树叶每组若干;龙眼每组一份;米酒每人一份。

活动过程

1. 引出关于露水的话题,通过讨论,对露水有更深入的认识

出示 PPT 图片"白露"。

——"蒹葭苍苍,白露为霜",这是《诗经》里的句子。白露就是晶莹剔透的露珠。小朋友们,你们见过露珠吗?

——在哪里见过?

——露水一般在什么时候出现?

2. 观察实验"人造露珠",记录水蒸气遇到冷的物品时,其凝固的过程,并初步总结露珠的形成原理

(1)幼儿观看实验,总结实验过程。

——接下来老师要变出露珠来,你们仔细观察,看看老师是怎么变出露珠的。

（实验结束后）

——老师有没有变出露珠来？

——谁来说一说老师刚刚是怎么变露珠的？

教师小结：将低温树叶放在热水杯口上方能接触到水蒸气的地方，一会儿就会看到树叶上有"露珠"出现了。

（2）幼儿尝试动手操作实验，并了解露珠形成的原理。

——每组的桌子上都有一杯热水，小朋友们将树叶放在杯口试试制造露珠。

——你们成功造出露珠了吗？

——你仔细看清楚露水形成的过程了吗？请来说一说。

教师总结：杯口的水蒸气遇到冷的物品，就凝固成小水珠，很多小水珠汇聚在一起，就形成一个大水珠。夜晚温度降低，水汽在地面和近地面的物体上凝结而成的水珠就是露珠。早晨在太阳光照射下，露珠看上去更加晶莹剔透了，它得了一个好听的名字叫"白露"。

3. 展示并介绍自己收集的白露节气的资料

——小朋友们和爸爸妈妈一起收集了关于白露的资料，谁来给大家介绍一下白露的知识？

——你最喜欢白露的什么习俗？

4. 观看白露节气的资料，了解这一节气的习俗和养生方法

（1）欣赏视频《白露节气的习俗》，了解白露的习俗。

——白露以后天气越来越凉了，有句谚语"处暑十八盆，白露勿露身"，就是说处暑节气时天气很热，连续十八天每天要用一盆水洗澡，白露一到，天气就转凉了，再赤膊睡觉就会着凉生病了。

——白露这天，人们有什么习俗呢？我们一起看看视频。（吃龙眼、斗蟋蟀、喝白露茶）

（2）集体品尝龙眼和米酒，迎接白露。

——我们也来吃龙眼、喝米酒，让我们的身体越来越健康。

活动延伸

1. 一日活动指导:幼儿园组织幼儿进行"寻找白露"的操作实验,前一天离园前将树叶放在幼儿园操场、矮的灌木、高的窗台上,过一个晚上,第二天幼儿入园后观察并记录不同位置的树叶上是否都出现了露珠。

2. 家园共育指导:幼儿园向家庭征集白露摄影展作品,请家长带着幼儿去寻找,并指导幼儿拍摄"最美的露珠",投稿给幼儿园,最后将获奖作品展示在园中。

3. 环境创设指导:教师在自然角投放龙眼、番薯、白露茶供幼儿观察认识;科探角提供"人造露珠"实验的步骤图,并提供热水(温度不宜过高,能产生水蒸气即可),树叶若干、纸片、布片、铁制的杯盖,供幼儿实验验证不同材质上能否形成露珠。

第二课时　十八般武艺

活动目标

1. 通过学习可以分辨不同的兵器，并且可以辨识几种兵器的名称：刀、枪、剑、斧、棍。

2. 观看视频和教师示范，初步尝试学习棍术。

3. 学会找空地方进行学习，身体伸展时不能碰触到别人，拿棍子练习时不能触碰到别人的身体；通过对武艺的了解，感受古人习练武艺的意义：强身健体、保家卫国。

活动准备

1. 教师用：视频《花木兰》《棍术》；环创挂图《十八般武艺兵器图》（刀、枪、剑、斧、棍等）。

2. 幼儿用：长棍人手一根（PC管）。

3. 区角材料：《十八般武艺兵器图》挂图放在区角里；阅读区投放与武艺武术相关的绘本故事等。

活动过程

1. 通过观看视频《花木兰》，感受中华民族瑰宝——武艺

（1）幼儿讨论。教师帮助梳理并引导幼儿理解武艺的作用：强身健体、保家卫国。

——刚刚的视频短片中你看到了什么？

——你知道这些人练习武艺做什么吗？

——古人练习武艺，不仅可以强身健体，还可以保卫国家不受侵略。

（2）引导幼儿发现各种不同的兵器。

——刚刚的视频短片中出现了许多种不同的兵器，你知道的都有哪些呢？

2. 十八般武艺的介绍（刀、枪、剑、斧、棍）

（1）引导幼儿了解几种常见武器：刀、枪、剑、斧、棍等。

——让我们一起来欣赏一下中国非常著名的十八般武艺吧！

（2）幼儿自由猜想、讨论，教师引导幼儿对棍子的使用进行深入思考。

——请你思考一下，这些兵器的使用方法。

3. 观看视频《棍术》示范动作，尝试学习武艺（棍术）

（1）欣赏棍术表演，并尝试做出看到的棍术动作。

——我们看了棍术表演，你看到了什么动作？请表演出来。

（2）观察教师动作示范（起式、出棍、扫棍、转棍、直劈、收棍）并注意用棍的安全规则和注意事项。

——今天老师带来了新的练习方法，让我们一起学习一段棍术，开始之前，请听清楚练习的规则：请在练习中遵守老师的指令学习；请和身边的好朋友保持一定距离；请保持专心专注；棍子不能碰到别人的身体。

（3）教师演示动作。

——预备：双脚前后分开，双手持棍朝前。

——起式：向前一小步，身体前倾冲棍。

——左扫棍：由右至左横扫，双手交换至身左侧。

——右扫棍：由左至右横扫，至身右侧。

——上挑：后退一步，压后手挑棍。

——下劈：身体跳起双手将棍高举下劈，同时做身体下倾。

——转棍：身体恢复站立双手转棍于身前。

——收式：立正右手单持棍立于身侧。

（4）集体表演武术动作，并注意表演前调整与同伴的距离，不要互相干扰。

——小朋友们，让我们完整地表演一次。注意和旁边小朋友拉大距离，棍子不要打到别人哦。

活动延伸

1. 一日生活指导：大家在区域里一起认识更多的兵器，并且设计自己喜欢的兵器。

2. 家园共育指导：教师鼓励家长带领幼儿一起学习其他有趣的武艺。

3. 环境创设指导：教师上网查找各种兵器图谱资料，并将图片投放到区域中，供幼儿模仿学习。

第三课时　好喝的凉茶

活动目标

1. 知道在天气干燥的秋冬季节，适度饮用凉茶可以去火降燥。

2. 通过观看冲泡凉茶的过程：洗药材、浸泡、煎煮、过滤，了解并初步尝试使用具有清凉消火的食材（茉莉花、柚子皮、杭白菊、金银花、蜂蜜等）进行创意搭配，烹煮凉茶。

3. 动手制作凉茶并和同伴分享，感受与同伴分享的快乐和成功调制的满足感。

活动准备

1. 教师用：视频《凉茶的制作》；PPT图片"常见的凉茶使用材料"（茉莉花、金银花、柚子皮、柠檬、杭白菊、大麦茶、蜂蜜、冰糖、薄荷）；煮茶、饮茶的器具一套。

2. 幼儿用：现成煮好的凉茶每人一杯（凉茶提前预备凉凉，避免烫伤）；热水（50度左右）；幼儿调制用的凉茶材料（茉莉花、金银花、柚子皮、柠檬、杭白菊、大麦茶、蜂蜜、冰糖、薄荷）若干。

3. 区角材料：成品凉茶及饮茶器具。

活动过程

1. 教师和幼儿讨论秋燥、上火的表现及解决方法

（1）感知秋冬季节出现的秋燥、上火的症状，如皮肤干燥且粗糙、流鼻血、嘴中长水泡、嘴角开裂等。

——夏天刚刚过去，这两天熊先生正准备去秋游，可是麻烦也来了：他起床之后就觉得浑身不舒服，头疼胸闷嘴长泡，干咳气喘鼻流血。他这是怎么了？

（2）引出秋燥上火的概念。

——秋天到了，气候变得干燥，像熊先生这样的问题就是因为秋燥上火引起的。

(3)讨论去火降燥的方法。

——那秋燥上火了该怎么办呢?(多喝水、多吃水果、看医生)

2. 品尝凉茶,并了解凉茶的颜色、口感、气味特点

(1)引出喝凉茶降噪去火的方法。

——其实,人们会通过饮用凉茶的方式降燥去火。我们来观看一下凉茶是什么样的呢?

(2)品尝凉茶,请幼儿谈谈对凉茶的感受(味道、气味、颜色)。

——今天老师也带来了神奇的凉茶,请我们的小朋友也来尝一尝,说一说凉茶是什么味道的。

3. 观看视频《凉茶的制作》,了解凉茶的制作方法

(1)观看视频,了解凉茶的制作方法。

——凉茶是怎么做出来的呢?我们一起看看视频吧。

教师小结:将凉茶配方中的多种材料放进锅里,加水熬煮,煮开后,关火冷却,凉茶就做好了。

(2)选择几种凉茶常用材料,烹煮凉茶。

——我们一起制作一锅凉茶吧!

——选择自己喜欢的材料,放进锅里,再加水进去,煮开。凉了以后就可以喝了。

4. 了解凉茶制作的常用材料(PPT 图片"常见的凉茶使用材料"),初步尝试自己动手搭配材料调制凉茶

(1)观看 PPT 图片"常见的凉茶使用材料",认识凉茶的材料。

——凉茶独特的味道和去火的功效,全靠这些去火润肺的材料,让我们一起来认识一下它们吧!(茉莉花、金银花、柚子皮、柠檬、杭白菊、大麦茶、蜂蜜、冰糖、薄荷)

(2)自主选择搭配几种材料,发明属于自己的凉茶配方。

——现在请小朋友们从多种材料中挑选具有自己喜爱的口感和气味的材料,搭配组合,配置自己的凉茶配方。(提醒幼儿在使用热水调制环节注意水的用量和安全)

活动延伸

1. 一日生活指导：幼儿通过相互讨论，了解更多的生活中常见的凉茶材料。

2. 家园共育指导：教师要求幼儿在家和家长一起制作凉茶茶谱，同时制作《我的凉茶》记录单，并及时记录和反馈。

3. 环境创设指导：在饮水区设立"凉茶亭"，日常放置几种常见凉茶及材料（茉莉花、金银花、柚子皮、柠檬、杭白菊、大麦茶、蜂蜜、冰糖、薄荷等）供幼儿操作与品尝；同时设立凉茶制作步骤的挂图。

第四课时　大动肝火

活动目标

1. 通过情景阅读,知道肝脏的形状以及作用:营养代谢、解毒排毒。

2. 知道多吃养护肝脏的食材以保护肝脏。

3. 感受人体脏器的神奇,愿意进一步探索人体的奥秘。

活动准备

1. 教师用:绘本《生气汤》;PPT 图片"人体的肝脏"和"养肝的食物"。

2. 幼儿用:幼儿用书。

3. 区角材料:人体绘本投放班级区角,方便孩子阅读。

活动过程

1. 创设情境,导入故事内容

——有一个叫霍斯的小朋友,他今天非常生气。为什么他会这么生气呢?我们一起听听关于霍斯的故事吧。

——霍斯为何生气,生气的时候会有什么样的感受?

2: 出示 PPT 图片"人体的肝脏",介绍肝脏的位置

(1)了解人体的重要器官:肝脏。

——生气会对我们的身体有什么影响呢?

——人体有哪些器官,它们分别有什么作用?

——有一个器官与人的情绪有关,你知道是什么器官吗?

——肝脏在哪里呢? 我们一起来找一找吧。

(2)再次讲故事,操作动态图(肝脏不高兴的表情,肝脏大哭的表情)。

——当讲到霍斯生气时候,在肝脏上贴上不高兴的表情。

——故事里霍斯生气时,在肝脏上贴上哭脸的图片。

教师小结：肝脏的作用是帮助身体代谢养分和排解毒素，而它的工作是依靠血液流动完成的。然而，生气时我们身体的血液会加速流动，并且产生毒素，这样我们的肝脏就会超负荷地工作，经常如此它就会受到伤害，造成健康的损失。

3. 出示 PPT 图片"养肝的食物"，了解保护肝脏的方法

（1）出示 PPT 图片，认识养肝护肝的食材：葡萄、柚子、枸杞、绿豆、菠菜、苦瓜、莲藕、动物肝脏。

——除了保持良好的情绪，有些食物也可以保护我们肝脏的健康，让我们一起来看一下。

（2）大家品尝枸杞茶。

——让我们一起来品尝一下枸杞茶。

活动延伸

1. 一日生活指导：下午点心，食堂可做猪肝青菜粥，教师可以进一步介绍食物对肝脏的保护作用。

2. 家园共育指导：教师通过微信向家长推送几个养肝食谱，如猪肝粥、枸杞茶等。

3. 环境创设指导：小吃店游戏区域的墙上粘贴养肝食谱，幼儿游戏时可以使用。

第五课时　养生八段锦

活动目标

1. 知道"八段锦"名称的由来;根据口诀分八段,以"锦"命名,意为美而华贵!

2. 通过欣赏八段锦的表演,结合口诀和教师示范,学习八段锦中双手托天和左右开弓两个基本动作。

3. 欣赏"八段锦"优美舒展的动作,感受中华民族养生妙术的神奇奥妙。

活动准备

1. 教师用:视频《八段锦表演》;PPT图片"八段锦动作分解图";音乐《八段锦口诀》。

2. 区角材料:八段锦及其他养生功的动作图片(象形拳、太极、五禽戏、太极剑等)。

活动过程

1. 活动导入:谈养生,话功夫

教师引导幼儿思考保持身体健康的方法。

——健康的身体非常重要,小朋友们知道什么方法会让我们的身体更加健康吗?

2. 欣赏八段锦表演(播放视频)

(1)播放视频《八段锦表演》,介绍养生功。

——小朋友们,刚刚谈到的很多方式都很不错,今天老师也为大家带来一种新方法。

(2)教师介绍八段锦。

——看完之后,有没有人知道这种方法叫什么名字?(幼儿猜测)

——其实,它的名字叫作八段锦。早在八百年前,我们聪明的祖先就发现,坚持不懈地练习可以健身祛病保持身体的健康,老师把它变成了图片,我们再来看看它的动作。

（3）图示法解读八段锦的名称由来（教师口诀配合图片呈现）。

一段：双手托天理三焦，

二段：左右开弓似射雕。

三段：调理脾胃须单举，

四段：双手攀脚固肾腰。

五段：攒拳怒目增气力，

六段：五劳七伤往后瞧。

七段：摇头摆尾去心火，

八段：背后七踮百病消。

——它们一共分成八段，因为这些动作都十分优美，就像美丽的锦缎一样，所以古人就把它叫作"八段锦"。

3. 尝试模仿与练习（重点一段：双手托天理三焦，二段：左右开弓似射雕）

幼儿模仿练习，教师口诀提醒，每个动作都要让幼儿保持一会儿，加深幼儿的体会。

——八段锦这么奇妙，我们一起来试一试吧！

4. 八段锦，养生功

（1）教师引导幼儿说出自己练习的感受。

——小朋友们，请你们仔细回忆一下，刚刚你们在做练习的时候有什么样的感觉。（我的手臂酸酸的，我的身体感觉被拉长了，我的肌肉变得更加有力量了）

（2）教师鼓励幼儿坚持锻炼，引导幼儿感受八段锦这一中华养生功的神奇。

——小朋友们，刚刚练习的都非常专注和努力，相信大家都感觉到身体被拉伸、有酸胀的感觉，这些部位已经得到了很好的锻炼，只要坚持肯定会拥有一个健康的身体。

活动延伸

1. 一日生活指导：当身体被拉伸，力量得到锻炼时，我们的身体会变得更加健康，请大家留意一下在生活中还有哪些运动也有相同的效果呢？

2. 家园共育指导：教师拍摄幼儿练习八段锦的视频分享给家长，让家长一起练习八段锦。

3. 环境创设指导：在区角投放八段锦练习图谱和口诀。

第六课时　肚皮上的洞洞

活动目标

1. 知道肚脐又叫作神阙穴,肚脐是脐带剪断后留下的疤痕,学习肚脐养生操。

2. 通过绘本阅读,了解肚脐的作用。

3. 知道肚脐是身体上非常柔弱的一部分,不能用手抠,不能着凉,要好好保护。

活动准备

1. 教师用:胎儿脐带挂图;绘本《人为什么有肚脐》。

2. 幼儿用:幼儿用书《肚脐的由来》。

3. 区角材料:绘本《人为什么有肚脐》投放阅读角。

活动过程

1. 观看 PPT 图片,倾听故事"人为什么有肚脐"

——今天我们听一个故事,听听人为什么会有肚脐。

——故事说了什么? 为什么会有肚脐?

教师小结:宝宝还在妈妈肚子里的时候,脐带把宝宝与妈妈连接在一起,可以获得许多营养,出生后剪断脐带在肚子上留下的疤痕就是肚脐。

2. 情境导入,观察并描述肚脐的位置与外形

(1)教师引导幼儿找一找肚脐在哪里,它是什么形状的。

——大家都有肚脐,那么你仔细观察一下,并告诉大家,你看到的肚脐是什么样子的。

(2)帮助幼儿理解肚脐在中医中的称呼,引导幼儿思考肚脐的重要作用。

——肚脐,每个人身体上都有,看得到也摸得着,而且它还有一个非常特殊的名字,叫作神阙穴。

（3）讨论：人为什么有肚脐。

3. 了解肚脐的重要性，学习肚脐养生操

（1）幼儿学习教师示范动作：双手搓热，左手盖住肚脐，右手放在左手上顺时针打圈按摩 36 次，再逆时针打圈按摩 36 次。

——保护肚脐除了不伤害之外，我们还有特别的养生按摩操来保护它，让我们一起来学一学吧！

（2）教师邀请幼儿讲述按摩的感受。

——大家做完按摩感觉如何呢？

（3）教师总结。

——经常按摩可以让身体变得健康、肠胃舒畅等。

活动延伸

1. 一日生活指导：午睡时提醒幼儿盖好被子，保护肚脐不受凉。

2. 家园共育指导：请妈妈给幼儿讲一讲自己怀孕的过程与感受。

3. 环境创设指导：教师在区角粘贴保护肚脐方法的图片，引导幼儿进一步感知。

第七课时　厨房三宝——葱姜蒜

活动目标

1. 知道葱姜蒜在厨房中常用的烹饪方法，并知道它们各自的保健功效。
2. 认识葱姜蒜的名称和外形特点，并能根据气味辨别葱姜蒜。
3. 乐意接受食物中的葱姜蒜的特殊气味。

活动准备

1. 教师用：PPT图片"厨房三宝——葱姜蒜"和"葱姜蒜的保健作用"；将葱姜蒜切碎分别装进3个小瓶子里做成嗅觉瓶。
2. 幼儿用：葱姜蒜用盘子摆放每组各一份。
3. 区角材料：大蒜头、带根的葱白、发芽的生姜若干，在自然角种植葱姜蒜。

活动过程

1. 闻闻嗅觉瓶，猜猜是什么

——老师这里有一组嗅觉瓶，请你们闻一闻，猜猜每个瓶子里分别装着什么。

2. 认识葱姜蒜，并了解葱姜蒜在烹饪过程中的用途

（1）认识葱姜蒜的外形和气味特征。

——每组小朋友的桌上都有一份葱姜蒜，看一看、闻一闻、找一找生姜是哪个？

——葱和蒜分别是哪个？分别长什么样子？

教师小结：生姜的外皮黄色，肥厚扁平，形状不规则，一块一块连在一起，有的大，有的小，闻起来有一股辛辣味；葱的根茎是白色的，叶子是绿色圆筒状的，叶子中间空心，闻起来有股刺激性的辣味，常见的有调味的小葱和炒菜配料的大葱；蒜头呈圆形，一般有6～10个蒜瓣围成一圈，每颗蒜瓣外面都包着薄膜，剥去薄膜，就可以看到白色、肥厚多汁的蒜瓣了，蒜头闻起来有浓烈的刺激性蒜辣味。

（2）观看PPT图片"厨房三宝——葱姜蒜"，知道葱姜蒜常用的烹饪方法。

——请你看看下面哪些菜中用到了葱姜蒜？

——葱姜蒜是怎么烹饪的呢？

3. 了解葱姜蒜对人体的保健作用

（1）了解葱姜蒜在烹饪时的调味作用

——为什么人们做菜的时候要放葱姜蒜呢？

教师小结：葱姜蒜是我们中国人厨房中常用的调味菜，被称为"厨房三宝"，做菜时放入它们，能去腥、增香、提味，特别是鱼、肉、海鲜、水产这些味道比较腥、膻的菜，一定会用这"三宝"烹饪。

（2）观看 PPT 图片"葱姜蒜的保健作用"，了解葱姜蒜的保健食用方法。

——我们看看葱姜蒜还有什么食用方法呢？

——这样食用葱姜蒜对身体有什么作用呢？

①生姜红糖水，也叫姜汤，是民间广为流传的一种驱寒暖胃的偏方。当人淋雨、吹了凉风后，准备一碗生姜红糖水趁热喝下，发一身汗，体内的寒气就会消散，人也就会舒服起来。

②葱白煮水治感冒是民间一直流传的一种偏方，葱白是一味性温味辛的中药，它可以起到调节体温，促使人体排汗的作用，它能帮助减轻风寒感冒引起的种种不适，如头痛、发冷、流鼻涕等。一些中医药书籍也都说葱白具有发汗解表、通达阳气的功效。葱白是我们平常很容易见到的一种食材，更是一种难得的药材。感冒时，你如果不想吃药的话，那么不如试试葱白煮水的办法吧。

③糖蒜，由蒜制成，颜色为白色，呈半透明状，口感酸甜嫩爽，每天吃几颗糖蒜瓣，可以预防流感，防止伤口感染，还有祛除肚子里的寄生虫的功效。

4. 种植葱姜蒜

——葱姜蒜对人体有这么多好处，让我们在自然角中种一些吧。

活动延伸

1. 一日生活指导：每次午饭时，教师向幼儿介绍蔬菜中的调味菜。秋冬季节准备一些糖蒜，孩子每天在园用餐时吃两三瓣，可以帮助杀菌健康肠胃。

2. 家园共育指导：教师将幼儿用书中葱姜蒜的保健吃法推荐给家长，建议家长在家庭中多利用健康天然的食物来预防和辅助治疗常见的疾病。

3. 环境创设指导：在科探角中投放葱姜蒜嗅觉瓶，供幼儿辨别葱姜蒜的特殊气味。

第八课时　水果吃法有讲究

活动目标

1. 了解四季对应的应季水果,知道吃水果的健康方式。

2. 通过游戏、操作材料,正确地掌握每月的当季水果名称与正确吃水果的方法。

3. 注意生活中优先选择食用应季水果。

活动准备

1. 教师用:儿歌《十二月水果歌》;环创挂图《水果吃法有讲究》(水果图片、月份上和水果后面用磁铁,方便幼儿操作取放);视频《水果的吃法有讲究》。

2. 幼儿用:幼儿用书。

3. 区角材料:益智区投放环创挂图《水果吃法有讲究》;语言区投放儿歌《十二月水果歌》以及投放水果照片,仿编儿歌。

活动过程

1. 讨论自己认识的水果,并说说这些水果分别在什么季节成熟

——(出示各种水果的图片)小朋友们,你们认识这些水果吗? 它们是在什么时候成熟的?

2. 欣赏儿歌《十二月水果歌》,了解常见水果的成熟时间

(1)完整欣赏一遍儿歌。

——每个季节都有不同的水果成熟,老师这里有一首好听的儿歌,我们来听一听儿歌都说了些什么?

(2)结合环创挂图《水果吃法有讲究》,使水果与其成熟月份的对应,记忆儿歌内容。

——我们一边听儿歌,一边把水果和月份对应。

(3)游戏:根据水果成熟季节的不同,送水果送到春、夏、秋、冬对应的家。

——老师准备了四间房子来存放在不同季节成熟的水果。你们看看每种颜色代表什么季节呢?(春——绿、夏——红、秋——黄、冬——白)

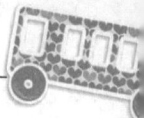

——我要邀请 4 个小朋友，分别把在春、夏、秋、冬四季成熟的水果送回家，在这么多水果中，找到属于自己季节的水果，把它送回家。看谁做得正确又快速。

教师总结：我们知道水果成熟的季节，以后在吃水果时应该选择在季节成熟的水果，应季水果营养新鲜，而且没有激素催熟，对身体更安全、更健康。

3. 欣赏视频《水果的吃法有讲究》，了解吃水果的正确方式

——除了知道吃应季水果对身体好以外，你们还知道怎么吃水果才健康吗？

教师总结：每天早上的早餐和上午的点心中增加水果。

4. 通过操作幼儿用书，巩固每月当季水果名称

——小朋友们请根据儿歌《十二月水果歌》的内容，把水果贴在相应的方框内。

活动延伸

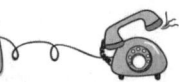

1. 一日生活指导：一日点心增加应季水果。

2. 家园共育指导：请家长和幼儿一起制作水果沙拉，并拍照带到幼儿园。

水果沙拉做法：香瓜 200g；辅料：苹果 1 个、葡萄适量、酸奶 100g、沙拉酱 2 勺、糖桂花 2 勺。

（1）香瓜、苹果、葡萄，洗净；

（2）香瓜和苹果去皮切成小块，葡萄直接放入备用；

（3）将酸奶、沙拉酱、糖桂花放在一起充分搅拌均匀成为沙拉酱汁；

（4）将酱汁浇在水果上，拌匀即可。

3. 环境创设指导：在教室里布置幼儿收集来的各种水果图片挂图，展示幼儿在家里制作的水果拼盘照片，环创挂图：常见水果自然成熟期展示图。

第九课时　黑色食物有营养

活动目标

1. 知道黑色食物是指表皮或内里为黑色或深色的食物的统称。

2. 能结合生活经验,列举出生活中常见的深色蔬菜、水果、粮食、水产、调味品、饮料。

3. 知道并愿意在寒冷的冬天多吃黑色食物提供肾脏营养,保持肾脏健康。

活动准备

1. 教师用:PPT图片"黑色的食物"和"黑色美食";角色游戏小超市里和"娃娃家"里的玩具,如书本、日用品、食物、玩具等各三四种。

2. 幼儿用:黑木耳、黑米、黑豆、黑芝麻,紫菜、海带,蓝莓、黑枣、桑葚、荸荠、黑葡萄,每组三四种拼成盘。

3. 区角材料:设立生活区,准备榨汁机、电磁炉、电饭锅等器具,并配备适量新鲜的黑木耳、黑米、黑豆、黑芝麻,紫菜、海带,蓝莓、黑枣、桑葚、荸荠、黑葡萄等黑色食物,鼓励幼儿通过榨汁、蒸煮、拼果盘等方式,制作"黑色美食"。

活动过程

1. 玩游戏"超市管理员",从不同维度对物品进行分类

(1)出示多种物品,探讨如何分类。

——超市运来一批货物,让我们看看都有什么。

——这些物品可以怎么分类呢?

(2)动手对物品进行分类,并说出分类的方法。

——请你来做超市管理员,对物品进行分类吧。整理完后告诉我们,你是怎么归类整理这些物品的。

2. 认识黑色食物的概念,了解黑色食物的营养价值

(1)出示黑色食物,总结特征。

——这里还有一箱货物,请你们看看,它们有什么共同特点。

小结:这些食物的外表都是黑色或深色的,营养学家们称它们为"黑色食物"。

（2）观察 PPT 图片"黑色的食物"，了解黑色食物的营养价值。

——黑色食物对人体有什么作用呢？

小结：长期食用颜色很深的食物，可以刺激内分泌系统，有益胃肠消化，增强人体造血功能，还具有滋肤美容与乌发等的作用，尤其是寒冷的冬天，多吃黑色食物可以为肾脏提供充足的营养，有延缓衰老的功用。

3. 结合生活经验，说说生活中常见的黑色食物

（1）说说自己见过、吃过的黑色美食。

——你有没有吃过黑色食物？说说你吃过的黑色食物吧！

（2）找出图中非"黑色"的食物。

——超市管理员不小心把一些不属于黑色食物的材料混进了黑色食物专区，我们来帮他找出来吧！

4. 品尝"黑色"美食，并猜测自己吃的"黑色"美食是怎么做出来的

——为了答谢大家的帮助，超市为我们准备了一些"黑色"美食，我们一起尝一尝吧！

——说说你吃的美食是什么，猜一猜它是怎么做出来的。

5. 创意组合黑色食物，研发一周"黑色食谱"

（1）根据给出的黑色食物原材料，设计一道黑色美食。

——请看看这些食物原料包里有什么，利用它们可以设计一道怎样的美食呢？

（2）幼儿园"黑色食谱"征集大赛，为幼儿园设计一周"黑色食谱"。

——天气越来越寒冷，我们幼儿园准备举办"黑色美食节"，为小朋友的肾脏补充营养，为期一周。请大家帮助厨师设计一张"黑色食谱"。

——每组小朋友分工，有的设计菜，有的设计点心，总共需要设计 5 道菜和 5 种点心，然后把我们设计的菜和点心组合起来，就可以形成一周的食谱了。

活动延伸

1. 一日生活指导：教师可将活动中幼儿设计的一周"黑色食谱"分享给幼儿园保健教师审核，并由食堂执行。

2. 家园共育指导：教师可将活动中幼儿设计的一周"黑色食谱"分享给家庭，让家长注意在寒冷的季节补充黑色食物，补充肾脏营养。

3. 环境创设指导：设计主题展板，说明黑色食物的范围（蔬菜、水果、粮食、水产、调味品、饮料）并分别列举有哪些常见的食物代表。

第十课时　悬壶济世

活动目标

1. 知道"悬壶济世"这个成语是古代人用来称赞医生治病救人的行为,并知道古代是用葫芦来装药的。

2. 理解故事内容并总结出成语"悬壶济世"的意思。

3. 能倾听别人的表达,主动从与别人的谈话中获得有用的信息。

活动准备

1. 教师用:PPT图片"中国古代的名医";绘本《悬壶济世》;音乐《葫芦娃》;葫芦6个(其中一个是完整的,另外5个里面分别放了醋、酒、水、种子、糖果)。

2. 幼儿用:幼儿用书;水彩笔。

3. 区角材料:阅读区投放《悬壶济世》的绘本;有关古代著名医生和其成就的图片展示。

活动过程

1. 出示实物葫芦,认识葫芦的外形和作用

(1)猜谜语,加深对葫芦外形的印象。

——青青蛇儿满地爬,蛇儿遍身开白花,瓜儿长长茸毛生,老君装药要用它。这是一种植物,请你们猜猜是什么呢?

(2)观察实物,总结葫芦的外形特点和作用。

——葫芦长得什么样?可以做什么用呀?

教师小结:葫芦的外形很有特点,两个圆圆的肚子,上面小下面大,细细的腰、细细的脖子。葫芦是天然的容器,古代人常用它装水、装酒、装植物的种子等。

2. 欣赏绘本《悬壶济世》的故事,理解成语"悬壶济世"的意思

——关于葫芦还有一个神秘的传说,我们一起听一听。

——古代的医生为什么总带着葫芦?他们的葫芦里装了什么东西呢?

——悬壶济世是什么意思呢？

教师总结：古时候，很多医生总喜欢把药装在葫芦里，方便携带，"药葫芦"就成了医生的象征。百姓们也认为医生给人坐堂看病，就像是神仙来凡间救济世人，解除人间痛苦，所以用"悬壶济世"形容医生治病救人、有爱心。

3. 观看 PPT 图片"中国古代的名医"，了解中国古代著名的医生和他们的成就

——小朋友们，你们知道我国古代有哪些悬壶济世的名医吗？

张仲景，东汉末年著名医学家，被后人尊称为"医圣"，写出了传世巨著《伤寒杂病论》，是一本记录治病救人药方的医书。

华佗，东汉末年著名的医学家，是中国历史上第一位创造外科手术并发明麻醉剂的医生。人们称他为"神医华佗"，现在人们常用"华佗再世"来称赞医术高超的医生。

李时珍，明朝医学家，他编写了典籍《本草纲目》，花了 27 年时间，记载了 1892 种药材，11096 则药方，是一本非常全面的医书，现在的医生都要学习它。

4. 游戏："葫芦里卖的什么药"，体验从葫芦里倒出"药"的惊喜

——今天老师在葫芦里也装了很多神秘的东西，你们想知道是什么吗？

——老师在葫芦里装了很多"药"，我们听到音乐就开始传葫芦，音乐停止时，葫芦在谁手上，谁就说出葫芦"卖"的是什么药。

游戏儿歌：

你的葫芦卖的什么药？要想知道闻一闻。

你的葫芦卖的什么药？要想知道看一看。

你的葫芦卖的什么药？要想知道摸一摸。

活动延伸

1. 一日生活指导：在一日生活等待环节玩游戏"葫芦里装的什么药"。

2. 家园共育指导：观看影片《华佗》《李时珍》了解古代医生的成就。

3. 环境创设指导：在科探区投放葫芦，让孩子自己组织玩游戏"葫芦里卖的什么药"。幼儿通过闻一闻、看一看、摸一摸的方法，猜测葫芦里装的是什么东西。

第十一课时　二十四节气之冬至

活动目标

1. 知道冬至节气,气候非常寒冷,冬至这天有吃饺子的习俗。

2. 会念《数九歌》,知道"数九"是从冬至开始每九天为一九。

3. 体会寒冷的天气,大家一起包饺子、暖暖和和吃饺子的温馨快乐。

活动准备

1. 教师用:PPT图片"数九歌"和"冬至吃饺子"的故事。

2. 幼儿用:饺子皮、馅。

3. 区角材料:在美工区提供橡皮泥或超轻纸黏土,供幼儿学习包饺子。

活动过程

1. 学习数九歌并了解数九的方法

(1)完整地欣赏数九歌,理解儿歌的内容。

——冬至到了,天气变得越来越冷,我们一起来搓搓小手吧!

——(播放PPT图片"数九歌",边搓手边念唱"数九"歌谣)一九二九不出手,三九四九冰上走,五九六九沿河看柳,七九河开,八九雁来,九九加一九,耕牛遍地走。

——小朋友们,你们知道儿歌中"不出手""冰上走""沿河看柳""河开""雁来""耕牛遍地走"是什么意思吗?

教师小结:"不出手"天气太冷了手就藏起来不出来了。"冰上走",天气很冷,水都结了厚厚的冰,就可以在冰上走路。"沿河看柳",河边柳树发芽了,沿河看柳真好看。"河开",是小河的冰都融化了。"雁来",飞到南方过冬的雁,到了春天飞回来了。"耕牛遍地走",就是开始耕种庄稼,牛忙着耕田了。

(2)学习数九的方法。

——"一九""二九"这个"九"是什么意思?

——冬至起每过九天为"一九"，再过九天为"二九"，用这样的方法数几个九天就是几九。《数九歌》告诉大家，每过一个"九"，气温都会发生变化。

2. 欣赏故事"冬至吃饺子"，了解冬至有吃饺子的习俗

（1）欣赏故事，了解冬至吃饺子的习俗。

——小朋友们，你们知道冬至这天有什么习俗吗？

——我们一起来听听故事，了解冬至的习俗。

——冬至为什么要吃饺子？故事里说要吃什么馅的饺子？

（2）讨论自己家乡的冬至习俗。

——小朋友们，你们家里冬至这天有什么特别的习俗吗？

3. 通过包饺子、吃饺子，体验冬至的习俗

（1）观看包饺子的示范动作，总结包饺子的方法。

——大家看了老师包饺子，谁来说说我是怎么包的呢？

教师总结：（边说边示范）左手拿饺子皮，右手用勺子把馅放在饺子皮中间，然后将两边面皮边缘合拢不能让馅掉出来，然后沿着边捏好。看一个饺子就包好了。

（2）用准备好的饺子皮和馅练习包饺子。

——小朋友试试自己包一个饺子，记住老师刚刚说的包饺子的方法。

（3）总结方法并再次包饺子。

——刚才你们在包饺子的时候遇到了什么困难？

——大家要注意包饺子时馅不要放太多，一次放一勺馅，一定要放在饺皮的中间。

（4）品尝饺子，感受热热闹闹一起吃饺子的氛围并结束活动。

——"冬至不端饺子碗，冻掉耳朵没人管"，所以冬至要吃饺子哦！

活动延伸

1. 一日生活指导：冬至以后，天气越来越冷，教师平时要注意提醒幼儿大小便后塞好衣服，午睡起床后注意穿衣顺序，先穿上衣，再穿裤子和鞋子，注意保暖。

2. 家园共育指导：教师要求家长和幼儿上网查一查，记录查好的资料并整理交给老师。

3. 环境创设指导：布置数九计时表。

附故事：

冬至吃饺子

张仲景是东汉末年著名医学家，医术精湛，而且心地善良。东汉末年，各地灾害严重，很多人身患疾病。张仲景常为百姓医治疾病。

有一年，当地瘟疫盛行，张仲景走在家乡白河岸边，见很多穷苦百姓忍饥受寒，耳朵都冻烂了。他心里非常难受，决心救治他们。

张仲景回到家后，心里总挂记着那些冻烂耳朵的穷苦百姓。他架起大锅，在冬至向穷人提供治伤的良药。

张仲景将这种药取名为"祛寒娇耳汤"，做法是用羊肉、辣椒和一些祛寒药材在锅里煮熬，煮好后再把这些东西捞出来切碎，用面皮包成耳朵状的"娇耳"，下锅煮熟后分给来求药的病人。

每人两只娇耳，一碗汤。人们吃下祛寒汤后浑身发热，血液通畅，两耳变暖。一段时间过后，病人的烂耳朵就好了。

人们称这种食物为"饺饵""饺子"，在冬至和大年初一时吃，以纪念张仲景。从此，饺子逐渐成为人们喜爱的食物之一。

第十二课时　中国功夫

活动目标

1. 知道中国功夫是我国传统的强身健体的运动。

2. 通过模仿掌握武术动作：站立冲拳、站立冲掌、弓步冲拳、弓步冲掌、弹踢冲拳、双掌托天的武术动作。

3. 在练习过程中能克服肌肉紧张疲劳，努力坚持练习武术动作。

活动准备

1. 教师用：视频《功夫之王》；PPT图片"武术基本动作"；音乐《男儿当自强》。

2. 区角材料：在表演区投放各种武术招数的照片；音乐《男儿当自强》。

活动过程

1. 观看视频《功夫之王》，激发幼儿对中国功夫的兴趣

——视频里的人在干什么？

——你们会练中国武术吗？

教师总结：中国武术也叫中国功夫，平时练习可以强身健体，还可以用来防身抵御坏人。

——我们再看一遍视频，选择一个你最喜欢的动作来模仿一下。

2. 看PPT图片"武术基本动作"，模仿基本的武术招式

（1）看PPT图片"武术基本动作"，学习武术的基本动作：弓步、马步、冲拳、冲掌、弹踢。

——看看图片里的武术动作是怎么打的，请你也来试一试吧！

——我们来一一学习这些武术基本动作吧！

（2）游戏："我说你做"，练习基本的武术动作。

——小朋友们，接下来我们玩一个"我说你做"的游戏，我说出武术招式的名字，你们做出动作来。

（3）完整串联武术动作。

——这次我们一起完整地打一遍这套武术动作。

3. 配合音乐,完整表演武术动作

——我们配合音乐完整地练习一遍。

——谁愿意来上台带领大家一起表演一下。

活动延伸

1. 一日生活指导:晨间活动或者下午户外活动时间,教师组织练习中国功夫。

2. 家园共育指导:幼儿观看电影《张三丰》《叶问》并和爸爸妈妈练习中国功夫,感受武术的魅力。

3. 环境创设指导:教师把收集到的各种武术招式照片展示在主题墙上。

第十三课时　中药大联欢

活动目标

1. 知道中成药是由中草药制作出来的，中成药有很多的剂型：颗粒、药丸、药膏、粉末、口服液等，中成药方便人们服用和携带。

2. 能根据中成药的形态辨别出中成药的剂型名称。

3. 生病的时候，不怕苦、不怕药味重，愿意吃中药。

活动准备

1. 教师用：透明一次性杯子、水、中药颗粒；PPT图片"中药的不同形态"。

2. 区角材料：收集各种中药材料图卡投放在益智区，让孩子分类。科探角投放不同剂型的中药供观察。

活动过程

1. 出示中药冲剂颗粒，初步感知中成药——冲剂的形态

（1）观察中药冲剂颗粒的外形。

——小朋友看一看、闻一闻，小盒子里装的是什么？

——这跟我们以前见到的中药一样吗？

（2）观察冲泡冲剂的过程，知道冲剂可以融化在水里，变成一杯中药汁。（出示一杯水，将颗粒倒进水里，观察水的变化）

——你们看到药有什么变化？水又有什么变化？

（3）总结冲剂的特点。

教师总结：冲剂颗粒摸上去是一颗颗的，闻上去有股淡淡的中药味道。它是由中草药熬制后再做成一个个颗粒状的药。

2. 出示PPT图片"中药的不同形态"，观察膏药、药丸、粉末、气雾、水剂，认识中药的不同剂型名称和特点

（1）感受中药不同的形态特点。

——今天老师带来很多的中药，请小朋友们看一看。你们见过这样的中药吗？

——这些都是中药，它们有什么不一样的呢？

（2）认识不同中成药剂型的名称。

——你们知不知道这些是什么药？

教师小结：像这样一颗颗圆圆的药叫中药丸；一颗颗很小的不规则形状的药叫中药颗粒；这种黏黏的没有完全干燥的药叫中药膏；还有这些像粉末状的药叫中药粉；这种液体的药叫中药口服液或药水。

（3）感受中药的发展，发现中成药的优点。

——为什么要把中药材做成各种各样不同外形的药呢？

教师总结：中药材熬制成中药汤需要准备专门的工具——砂锅、滤网，还需要在火上熬煮很长时间，大人们都很忙，没有这么多时间熬中药，医生就发明了中成药，这样人们服用和携带都很方便，而且中成药不像熬煮出来的中药汁那么苦且有很重的药味，它的口感更好。所以小朋友生病的时候，可以选择看中医、吃中药，这更利于我们的身体健康。

3．角色游戏，知道到医院看病的流程（注意字体字号符合版式要求）

——小朋友，如果你们生病了会怎么办？

教师小结：生病了，我们会到医院看病。首先，我们会挂号，接着去看医生；然后拿着医生开的药单去付费、取药。

——现在，请一个小朋友模仿病人，到医院看病；一个小朋友模仿医生，给病人治病。

活动延伸

1．一日生活指导：教师在生活中教导幼儿"良药苦口"的道理，有幼儿生病带中药来园服用时，组织全班幼儿鼓励患儿不要怕苦，坚持吃药恢复健康。

2．家园共育指导：生病时家长带幼儿去看中医，了解中医的看病流程并尽量选择服用中药。

3．环境创设指导：主题墙上每周贴一种剂型中成药图片并介绍用药方法。

第十四课时　腊八粥

活动目标

1. 了解腊八节的由来和习俗。

2. 自主选择 8 种五谷杂粮材料搭配腊八粥。

3. 幼儿通过搭配材料煮八宝粥，喜爱上五谷杂粮的味道。

活动准备

1. 教师用：PPT 图片"腊八粥"；绘本《腊八粥》。

2. 幼儿用：罐装八宝粥每组一罐；大米、糯米、红枣、红豆、绿豆、百合、银耳、莲子、花生米、薏仁、芸豆、燕麦、黑米、桂圆数量若干。

3. 区角材料：用五谷杂粮装饰画——A4 纸上画好了碗，并将碗表面分割成一块块小面（方便幼儿用五谷杂粮粘贴画）；糨糊；各种五谷杂粮分类放好。

活动过程

1. 欣赏儿歌《腊八粥》，引出关于腊八粥的话题

——小孩小孩你别馋，过了腊八就是年。腊八粥，喝几天，哩哩啦啦二十三。

——（出示腊八粥）儿歌里说的腊八粥你们吃过吗？味道怎么样？

2. 欣赏故事"腊八粥"，了解腊八节吃腊八粥的习俗的由来

——儿歌里说的腊八节是什么时候？为什么要吃腊八粥呢？我们来听一个故事，好好了解一下腊八粥和腊八节。

——原来腊八粥是朱元璋发明的啊！

——腊八节是什么时候呢？

教师小结：朱元璋发明了腊八粥，他将几种五谷杂粮放在一起煮出了一碗美味又健康的腊八粥，后来他做了皇帝，想到腊八粥非常美味，对身体也很有好处，就下令将腊月初八定为腊八节，人们都在这天吃腊八粥。

3. **认识各种谷物材料,并了解这些材料的味道和营养**

——老师把"腊八粥"里常用的食材都收集来了,看看你认识哪些食材?

——腊八粥的食材对身体有什么好处呢?

养心的食物:桂圆、红豆、红枣;

养肝的食物:绿豆、莲子;

养脾的食物:大米、薏仁、糯米;

养肺的食物:银耳、百合;

养肾的食物:黑米、枸杞。

——腊八粥可以为我们提供补充人体心、肝、脾、肺、肾五大器官的营养,小朋友一定要多吃哦。

4. **了解腊八粥的制作材料,配制自己的腊八粥**

(1)欣赏视频,分析腊八粥要用到的材料。

——(出示"腊八粥"实物)老师在每组的桌上都准备了一碗腊八粥,你们看看腊八粥里都有什么材料呢?

(2)搭配材料配制自己喜欢的腊八粥。

——腊八粥是由大米加少量的糯米和其他的五谷杂粮搭配起来的。

——老师为每组都准备了很多五谷杂粮,请你们自由选 8 种五谷杂粮搭配起来,做一碗风味独特的腊八粥吧!

5. **分享腊八粥,品尝多种谷物的味道**

——熬煮你们搭配好的"腊八粥"需要很长的时间,老师事先准备好了一锅腊八粥,我们一起来尝尝吧!

活动延伸

1. 一日生活指导:每次午饭前教师介绍食物的营养,帮助幼儿改掉挑食的坏习惯。

2. 家园共育指导:幼儿逛超市时认识腊八粥的材料,把活动中搭配好的五谷杂粮腊八粥配方带回家让爸爸、妈妈煮一锅香喷喷的腊八粥。

3. 环境创设指导:五谷杂粮装饰,将可养心、肝、脾、肺、肾的食物分别拼贴在器官的周围,投放在科探角。

附故事：

腊八粥

腊八节是在中国农历的腊月初八这天，中国人都要喝腊八粥。你知道这是为什么吗？原来，腊八粥的发明和明朝的皇帝朱元璋有关。

据说当年朱元璋还没有当皇帝时，家里很穷，经常连饭都吃不上，只能饿肚子。一个冬天的早上，又冷又饿的朱元璋到处找吃的，最后竟然从一个老鼠洞刨找出一些红豆、大米、红枣、绿豆、黑米等各种五谷杂粮，足足有一大碗呢！朱元璋一看，可乐坏了，说：你们这些老鼠还真会享受，我饿得肚子咕咕叫，你们却把我家里的五谷杂粮都留着自己过冬了。朱元璋饿极了，赶紧把这些食物放在一起熬成了一大锅粥。粥刚熬好，就闻到阵阵香气，朱元璋忍不住尝了一口，这味道比平时的白米粥还要香甜。邻居也闻到了香气，就问朱元璋："你煮的这是什么粥？怎么这么香？"朱元璋一想，就对邻居说："今天是腊月初八，我煮的这是腊八粥！"

后来朱元璋做了皇帝，还时常想念美味的腊八粥，于是他就把每年的腊月初八定为腊八节，把自己那天吃的杂粮粥正式命名为腊八粥，让全天下的百姓在这一天都要吃腊八粥。

于是，腊八节吃腊八粥的习俗就这么流传下来了。

第十五课时　讳疾忌医(1)

活动目标

1. 知道中医根据人指甲上的"小太阳"、精神状态、身体状况等信息判断身体是否健康的方法叫作望诊。

2. 欣赏讳疾忌医的故事,理解成语"讳疾忌医"的意思和用法。

3. 知道中医名家的传奇故事感受中华医学的博大精深,愿意在身体不舒服时及时就医,不让小病拖成大病。

活动准备

1. 教师用:绘本《讳疾忌医》;图片"身体健康的秘密"。

2. 区角材料:望闻问切医诊图片。

活动过程

1. 欣赏绘本故事,知道讳疾忌医的意思

(1)理解故事情节,起初蔡桓公病得很轻,不重视、不肯医治,疾病不断加重,最后他病入膏肓时想治却无药可治了。

——扁鹊说蔡桓公病在肌肤表面时,蔡桓公为什么不愿意听取扁鹊的建议及时医治呢?

——最后病得很严重,病入膏肓了,扁鹊为什么不肯替蔡桓公医治了呢?

(2)教师帮助幼儿理解讳疾忌医的严重后果。

——蔡桓公最后病情怎么样?

——为什么一开始是小病,后来为什么变严重了呢?

(3)理解成语"讳疾忌医"的意思和用法。

——像蔡桓公这样明明生了病却不肯医治的行为就叫作"讳疾忌医"。

——讳疾忌医，形容一个人明明有病却不喜欢被别人知道自己有病，也不肯看医生的行为。

(4)懂得"小病不治，大病难医"的道理。

——为什么扁鹊一开始积极地想为蔡桓公治病，最后却不愿意为蔡桓公治病了呢？

——小病不治会拖成大病，大病太严重病入膏肓时就无药可救了。

2. 知道中医诊病的方法——望诊，是通过观察人的五官、舌头、指甲等人体外部状态进行诊病的方法

(1)教师着重突出"抬头看去、望着、瞧了一眼"等词语，引导幼儿理解中医的诊病方法——望诊

——小朋友们，扁鹊是怎么诊断蔡桓公的病症的呢？

教师小结：像扁鹊这样，通过观察人的皮肤、脸色和眼神等方法判断他的身体是否健康的方法叫望诊，这是中医最常用的一种诊断方法。

(2)出示图片"身体健康的秘密"，理解身体健康的表现。

——健康的身体我们可以看到他们是什么样的呢？

——皮肤光洁，没有红疹；指甲上面有"小太阳"；眼睛黑亮有神；表情愉快。

(3)互动游戏，幼儿互相观察同伴的皮肤、指甲、眼睛、表情来判断同伴是否健康。

——小朋友们用中医望诊的方法，看看同伴的皮肤、指甲、眼睛、表情，判断一下你的伙伴是不是健康。

3. 大家分享保持健康的好办法

(1)讨论生病了该怎么办。

——当你生病时，该怎么办呢？（看医生、好好休息、多喝水、吃有营养的食物等）

(2)总结并结束活动。

——小朋友们，当你感到不舒服的时候，应该及时告诉家长，并马上进行治疗，就医时要学会勇敢地配合医生的治疗，千万不要出现讳疾忌医的问题。

活动延伸

1. 一日生活指导:保健医生早晨检查时向幼儿说明检查了哪里,怎样才是健康的。

2. 家园共育指导:家长引导幼儿向身边生病的亲戚朋友发送慰问语音或视频,学习关心身边生病的人,学会说关心人的话。

3. 环境创设指导:设立健康区角,设立自诊区,投放镜子、健康参照图片,方便幼儿自诊。

第十六课时　讳疾忌医（2）

活动目标

1. 感知剧情的发展，理解音乐及动作，完整地进行音乐游戏表演，学习动作创编的两种方法：根据歌词内容创编和根据故事内容创编。

2. 通过模仿与讨论，在理解情境的基础上，创编骑马、赶路、寻找等动作。

3. 了解寻找扁鹊的原因：医术高超受人敬重。

活动准备

1. 教师用：音乐《大王叫我来巡山》；音乐 B 段动作图谱。

2. 区角材料：各区角可根据剧目表演需要投放美工、表演等材料，制作相应的道具，供幼儿表演时使用；美工区可粘贴一些扁鹊时代的服饰、建筑等图片，供幼儿参考。

活动过程

1. 回忆故事内容，进一步感受扁鹊医术高超名扬天下的故事

教师引导幼儿感知故事情节，理解蔡桓公寻找扁鹊的原因。

——你觉得扁鹊是一个怎样的人？

——蔡桓公为什么要派这么多人去寻找扁鹊医生呢？

——医生扁鹊，因医术高超誉满天下，受人尊敬和爱戴，于是蔡桓公便下令命众人寻找扁鹊，接下来就发生了侍卫们到处寻找扁鹊的故事。

2. 根据故事情境创编音乐 B 段动作

（1）创编 B 段动作：4 小节。

——根据寻找的地方不同，创编不同的动作。

①根据故事内容创编情境：

山村——行走；

城市——乘车;

乡村——骑马;

河中——划船。

②为不同的情境创编合适的动作并用图谱记忆。

(2)幼儿和教师跟随音乐玩音乐游戏。

——我们一起跟着音乐在座位上完成表演吧。

——我们一起跟随音乐,找一个空地方表演,注意不要碰到别人。

3. 根据歌词内容创编 A 段动作

(1)出示春光美景图,理解歌词内容。

——你看到了什么?

——士兵们在大山里看到了春光美景,一下子把什么都忘记了,唱起了欢乐的歌,我们来听一听他们唱了什么。

(2)根据歌词内容创编舞蹈动作。例如,

——"太阳对我眨眼睛"可以做什么动作?

——"鸟儿唱歌给我听"要做什么动作呢?

……

依次逐句为歌词创编动作。

(3)整合音乐,尝试串联动作。

——请大家一起听音乐里的歌词,把刚刚我们想的动作串在一起吧。

4. 完整表演

——让我们完整地把两段音乐的动作连起来表演一次吧。

活动延伸

1. 一日生活指导:幼儿能够在表演区活动中进一步熟悉角色台词,练习对话。

2. 家园共育指导:教师将表演视频发送到班级群中,鼓励幼儿回家将所学的表演给家长看,引导家长主动关注幼儿大胆展示自己。

3. 环境创设指导:在表演区提供情景表演的服装与道具。

第十七课时 讳疾忌医（3）

活动目标

1. 通过对剧情的了解，可以大胆想象，勇于表述蔡桓公自以为是的行为。

2. 跟随欢快的音乐，创编并表演相应的剧情。

3. 能够跟随剧情，有感情地表演角色。

活动准备

1. 教师用：律动音乐；儿歌《我，没病！没病！》。

2. 区角材料：在表演区播放音乐，并提供律动图片，帮助提升律动乐感。

活动过程

1. 教师创设情境，引出故事

——小朋友们，通过故事"讳疾忌医"，我们知道蔡桓公不承认自己有病，但是扁鹊却一直说他有病，这把蔡桓公气得不轻，于是蔡桓公决定好好地证明一下自己的身体可健康了，于是发生了下面的故事。

（1）蔡桓公"有病说没有病"的情景，引发幼儿思考蔡桓公自以为是的思想。

——生病了就应该好好听医生的话，可是蔡桓公偏偏不承认，这是为什么呢？

（2）师幼共同探讨蔡桓公证明自己没病的方法。

——扁鹊诊断蔡桓公有病的时候，蔡桓公生气极了，于是他决定证明自己是健康的，那请你想一想，蔡桓公会用什么特别的方法为自己证明呢？

2. 根据剧情儿歌创编动作

（1）根据儿歌内容幼儿自由创编动作。

——小朋友们做的都很对，蔡桓公也说出了自己的想法，我们来听一听。

——我能吃能睡我身体很棒，不信你看我还能跳舞。脸色红润大家都喜爱，说

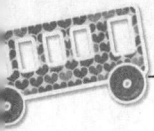

我有病我气得冒火。(《我,没病!没病!》)

(2)分解儿歌,帮助幼儿自由创编动作。

——小朋友们想一想能吃能睡的动作应该怎么做呢?

——跳舞的动作你会怎样模仿?

——脸色红润大家喜欢怎样表达呢?

——说我有病气的我冒火怎么表演?

(3)边念儿歌边做动作。

——接下来呢,老师来念儿歌,小朋友们把你认为最合适的动作表演出来。

(4)教师选择模仿表演最合适的动作,让幼儿集体模仿。

——×××小朋友的动作真的很不错,我们一起模仿他的动作试一试。

(5)配合音乐做动作。

——请小朋友们跟着音乐的节奏一起试一下吧!

3. 完整表演

——大家终于找到了蔡桓公证明自己身体健康的方法了,让我们动起来和蔡桓公一起跳一跳。

活动延伸

1. 一日生活指导:上午和下午的户外活动时间幼儿复习巩固律动。

2. 家园共育指导:教师将律动视频发送在家长群中,鼓励幼儿在家长面前表演。

3. 环境创设指导:在表演区增加剧本中的台词和动作表演。

第十八课时　讳疾忌医（4）

活动目标

1. 通过故事结局,知道讳疾忌医的严重后果是病入膏肓,就算神医也无法医治。

2. 根据故事创编扁鹊出逃、士兵追赶的游戏情境,并结合音乐创编动作玩音乐游戏。

3. 能遵守游戏规则。

活动准备

1. 教师用:PPT图片"讳疾忌医"和"扁鹊出逃";音乐《Yummy Yummy Yummy》。

2. 区角材料:将儿童剧的服装道具投放在表演区,供幼儿角色游戏时间表演。

活动过程

1. 欣赏 PPT 图片"讳疾忌医",回顾故事内容,理解扁鹊出逃的原因

——扁鹊见了蔡桓公几次? 每次都说了什么?

——最后蔡桓公怎么样了?

——扁鹊前几次都想帮蔡桓公治病,最后为什么不肯帮他治病呢?

教师小结:小病很容易治,可是如果小病不治酿成大病,那么等病入膏肓时就治不好了。

2. 创编扁鹊出逃、士兵追赶的情境,围绕故事内容,创编骑马赶路、通过城门、快马加鞭的动作

(1)理解扁鹊出逃的原因。

——扁鹊为什么要逃跑呢?

——在古代,医生要是治不好大王的病是会被杀头的,扁鹊知道蔡桓公的病已经无药可救了,所以赶紧带领家人离开齐国。

（2）围绕故事创编骑马赶路、通过城门、快马加鞭的动作。

——古代人是怎么赶路的？猜猜扁鹊是怎么离开齐国的呢？

——请你们看看这 4 幅图，为这几幅图排序。（骑马赶路—通过城门—快马加鞭）

——我们用动作模仿骑马、过城门、快马加鞭的动作。

3. 跟着音乐分段练习动作

（1）跟着音乐练习骑马赶路的动作。

——我们一起随音乐练习骑马的动作。

（2）跟着音乐练习通过城门的动作。

——用什么动作可以表示城门呢？

——请两组小朋友合作架起一座城门，我们排队轮流穿过城门。

（3）跟着音乐练习快马加鞭的动作。

——快马加鞭做什么动作呢？

——我们看图，模仿一下快马加鞭的动作。身体前倾，马鞭在身后挥动。脚下咚咚咚地蹬地，表示马蹄声。

4. 完整地练习律动动作，并分角色表演

（1）幼儿在座位上注意倾听音乐，配合音乐完整地练习律动。

（2）离开座位，分角色配合音乐完整地练习律动。

——我们这次选择 4 个小朋友在"过城门"部分做架城门的动作，完整练习一遍。

活动延伸

1. 一日生活指导：教师在班级中建立病患幼儿健康记录，记录班级幼儿从出现生病状态到每日服药护理、康复的过程。

2. 家园共育指导：班级中出现患病请假幼儿时，教师应及时了解，并将家长描述的病情记录在班级幼儿健康记录表中。

3. 环境创设指导:将"讳疾忌医—扁鹊出逃"的表演过程照片布置在表演角,音乐投放表演角,供幼儿练习表演。

童话剧:扁鹊见蔡桓公

内容梗概:名医扁鹊连续几次拜见蔡桓公,劝他早点请医生治病,但因为蔡桓公不听他的劝告,认为他是在骗人,最终蔡桓公病死了。

蔡桓公——

扁　鹊——

侍　卫(群)——

大　臣(群)——

旁　白——

第一幕:朝堂谏言

地点:早朝殿

音乐起,众人进场,首先侍卫(双手拿青铜戈两边进场,进场后两边站立)、文臣与武将各一边(进场后两边站立,立于侍卫前),蔡桓公及亲卫侍女进场(做庄重、威严状)。

蔡桓公正襟危坐,侍卫侧立一旁。众人行礼。(旁白同步)

旁白:春秋战国时期,有一位医生叫扁鹊,他医术高超,治病时,有时稍微观察一下肤色面相,就能看出病人的情况,蔡桓公听闻此人医术高超,下令召见。

蔡桓公:此间,寡人听闻民间有名神医,名为扁鹊,此人医术高超,快快宣来觐见!

侍卫(高声):大王召见神医扁鹊!

扁鹊上场(低头欠身)。

扁鹊(下跪拜见):草民扁鹊,参见大王!

蔡桓公(低眉望去):你就是扁鹊神医?快快请起。

扁鹊:谢大王。(谢恩起身,抬头看向大王,忽然脸色微变,欲言又止)

蔡桓公(疑惑之情):扁鹊,你想说什么?但说无妨。

扁鹊(犹豫了一会儿,坚定地说):大王,您、您有病!

众大臣纷纷作议论状。

蔡桓公：哼（怒目圆睁），扁鹊！你好大的胆子！竟敢妄言，你可知罪？

扁鹊（惶恐的）：大王息怒！大王不要担心，你的病在皮肤，稍加治疗即可痊愈。

蔡桓公：寡人位尊九五，生龙活虎，哪来什么病？念在你是关心则乱，寡人不跟你计较。没什么事，你就退下吧。

扁鹊：大王，你的病现在治疗……

蔡桓公（不耐烦地）：退下吧！

众大臣帮腔众和：还不快快退下！

扁鹊摇摇头，无奈退场。

第二幕：再三谏言

旁白：就这样，扁鹊无奈地回去了，过了十天，扁鹊又来见蔡桓公。而此时蔡桓公的病症已经深及肌肉，可是蔡桓公岂会听取扁鹊的建议，依旧不以为然。这让扁鹊十分痛心，于是扁鹊决定再次入朝面见大王，好言相劝于他。

音乐起，舞蹈进场，众人一起随律动音乐跳起行酒令舞蹈，跳至一半蔡桓公体力不支有些踉跄，众人相围，舞蹈结束。

大臣：大王，你怎么了？

蔡桓公（摇手示意）：无事、无事。

侍卫上前：启禀大王，扁鹊求见。

蔡桓公（满脸不悦）：这庸医，不见！

大臣：大王，您可能偶感风寒，让他进来见一见吧。

蔡桓公（不情愿的）：那——好吧。宣他上殿。（众人两边开立）

扁鹊（刚准备施礼，忽然大惊）：啊！大王！大王最近可有不适？

蔡桓公有点不耐烦，面露不满。

大臣（斥责的语气）：扁鹊！你真是得寸进尺。每次见到大王，都要卖弄学问。

扁鹊（慌忙向大王施礼谢罪）：大王恕罪！非是草民故意卖弄，实在是大王这病已深入肠胃，如果再不加以医治，延误治疗，就真的是无力回天了！

蔡桓公（大怒）：真是荒唐！寡人有没有病，难道自己不清楚吗？你再在这里妖

言惑众，寡人就把你逐出蔡国！

侍卫上前：扁鹊先生，请！

旁白：扁鹊还想再次劝说，侍卫坚定地伸手请他离开，扁鹊皱眉、摇头、叹气，离开。

大王咳嗽不断，大臣上前：大王息怒，大王息怒！这扁鹊太不识时务，看把您给气得。

第三幕：病态尽显

音乐下棋，下棋博弈的情景表演。

旁白：又过了十来天，蔡桓公与大臣在大殿的栏杆前谈论，下棋行乐。蔡桓公好像因身体疼痛而不时皱眉，间或咳嗽，忽然身体摇晃了一下，伸手扶了一下额头。

大臣：大王！您怎么了？

蔡桓公（虚弱的）：许是高楼风大，吹得久了。（忽然眼睛往下方扫了一眼，手指一方向，问大臣）楼下那是扁鹊医生吗？

扁鹊正好经过宫殿。

大臣（顺势看了一眼）：回大王，正是。

旁白：与此同时，楼下的扁鹊也正巧抬头张望状，看到了蔡桓公，仔细观望了一会儿，在蔡桓公伸出手指时，面露惊讶、惋惜之情，扭头就跑。

蔡桓公（面露鄙夷之色）：咦？这扁鹊跑什么。侍卫，你等前去问个明白。

众侍卫（作揖）：是。

同时大王和大臣下场，侍卫作虚拟下楼状，一边作跑的样子一边喊：扁鹊神医！扁鹊上场，站定。见面施礼。

扁鹊：侍卫大人们，请问有何事？

侍卫：神医、神医，大王要我等前来询问，为何你远远见到大王要跑呢？

扁鹊（面露悲痛）：唉！大王命不久矣。

侍卫（惊恐、惊讶）：神医！慎言、慎言啊。

扁鹊（摇头、伸手）：当初，我察言观色，望诊大王，见大王贵体有恙，不过病在皮肤，只要热敷可愈。后十日，病已在肌肉，以针灸之法当可愈。又十日，见病入肠

胃,用汤药调养几日也可愈。但如今却见大王之病已经深入骨髓,即使神仙也无能为力啊!

侍卫(慌张不安):神医,你是说大王已经无药可救了?

扁鹊(坚定):是的,我不再请求为大王治疗,又怕他怪罪。回去后,我也只能回秦国了。各位大人,告辞了!(抱拳行礼做行走状)

侍卫(再次挽留):还请神医再想想办法!

扁鹊(停下身形,再次摇头):错过了治疗的关键期,即使神仙也无力,告辞(果断)。

旁白:扁鹊离开不几日,蔡桓公果然一病不起,病入膏肓,与世长辞。

所有人一起上场,齐说:这正是"盲目无知不听劝,讳疾忌医留祸患。后世诸君且心记,前车之覆后车鉴"。(弯腰作揖行礼)

全剧终!